CAMIONETAS

por Jeffrey Zuehlke

Libros para avanzar
potencia en movimiento

ediciones Lerner • Minneapolis

Para Freddy, el camionero

Traducción al español: © 2007 por ediciones Lerner
Título original: *Pickup Trucks*
Texto: copyright © 2005 por Lerner Publications Company

La edición en español fue realizada por un equipo de traductores nativos de español de translations.com, empresa mundial dedicada a la traducción.

ediciones Lerner
Una división de Lerner Publishing Group
241 First Avenue North
Minneapolis, MN 55401 EUA

Dirección de Internet: www.lernerbooks.com

Library of Congress Cataloging-in-Publication Data

Zuehlke, Jeffrey, 1968–
    [Pickup trucks. Spanish.]
    Camionetas / por Jeffrey Zuehlke.
       p. cm. – (Libros para avanzar)
    Includes index.
    ISBN-13: 978-0-8225-6499-7 (lib. bdg. : alk. paper)
    ISBN-10: 0-8225-6499-8 (lib. bdg. : alk. paper)
    1. Pickup trucks—Juvenile literature. I. Title. II. Series.
TL230.15.Z8418 2007
629.223'2–dc22   2006007874

Fabricado en los Estados Unidos de América
1 2 3 4 5 6 – JR – 12 11 10 09 08 07

¿Es esto un auto?

¡No! Es una camioneta. ¿Qué hacen las camionetas?

Las camionetas transportan cosas.

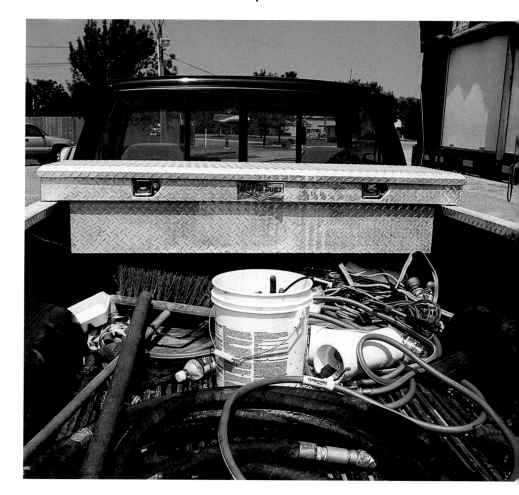

Las cosas viajan en la parte de atrás. La parte trasera de una camioneta se llama **caja** o plataforma.

Las camionetas también llevan personas.
Las personas van en la **cabina**. Esta
cabina tiene asientos delanteros y traseros.

Las camionetas se usan para trabajar.

También se usan para divertirse. Esta camioneta compite en una carrera.

Algunas camionetas son grandes. Ésta es una camioneta gigante.

Las camionetas gigantes pueden
aplastar autos.

Algunas camionetas son casi tan pequeñas como un auto.

Sin embargo,
pueden
cargar
muchas
cosas.

Las camionetas andan por carreteras y autopistas.

Algunas camionetas son **todoterreno**.
Avanzan por el lodo y la tierra.

¿Listo para un paseo? El conductor controla la camioneta.

El conductor gira el volante para ir a la izquierda, a la derecha o al frente.

¿A qué velocidad vamos? El velocímetro nos lo dice.

¿Necesitamos más gasolina? El **indicador de nivel de combustible** nos lo dirá.

19

La gasolina hace que funcione el **motor**. El motor le da potencia a la camioneta.

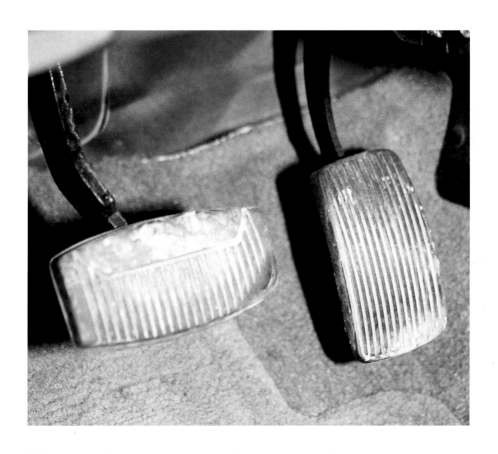

El conductor pisa el acelerador para
avanzar más rápido. Al pisar el freno,
la camioneta frena y se detiene.

¡Es hora de parar y cargar la camioneta!
La puerta trasera se llama **puerta de
carga**. Se abre para tener acceso a la
caja.

Esta camioneta tiene una **caseta** sobre la caja. La caseta evita que entren el viento, la lluvia y la nieve.

Esta camioneta tiene un **enganche para remolque**. ¿Para qué sirve?

El conductor lo puede usar para
enganchar un remolque. La camioneta
arrastra el remolque.

¿Qué llevan en este remolque? ¡Otra camioneta!

¿Listo para
otro viaje?
¡Mira quién
viene con
nosotros!

Datos sobre camionetas

■ Las primeras camionetas sólo podían viajar a unas 10 millas (16 kilómetros) por hora. Algunas camionetas modernas pueden ir a más de 100 millas (160 kilómetros) por hora.

■ Las primeras camionetas no tenían caja. El dueño tenía que construir o comprar una caja especial para esa camioneta.

■ En 1925, la empresa Ford Motor Company vendió la primera camioneta con caja integrada. Ford la llamó camioneta de trabajo liviano.

■ Las camionetas de trabajo liviano están hechas para transportar y arrastrar cargas pequeñas. Las camionetas de trabajo pesado están hechas para grandes tareas. Tienen motores grandes y potentes que pueden transportar y arrastrar cargas enormes.

■ Cada año, en los Estados Unidos se venden cerca de tres millones de camionetas.

Partes de una camioneta

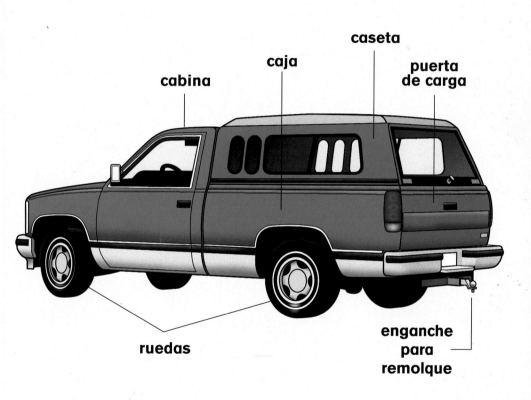

caseta

caja

cabina

puerta
de carga

ruedas

enganche
para
remolque

29

Glosario

cabina: parte de una camioneta donde viaja la gente

caja: parte trasera de una camioneta, donde se guardan y transportan las cosas. La caja también se llama plataforma.

caseta: cubierta que se coloca sobre la parte de atrás de una camioneta

enganche para remolque: pieza en la parte de atrás de una camioneta que sirve para enganchar un remolque

indicador de nivel de combustible: medidor que muestra cuánta gasolina hay en el tanque

motor: parte de la camioneta que le da potencia para moverse

puerta de carga: puerta en el extremo de atrás de una camioneta

todoterreno: expresión para indicar que anda fuera de las carreteras y autopistas comunes

Índice

Acerca del autor

Jeffrey Zuehlke no tiene una camioneta, aunque le gustaría tener una. Por suerte, tiene amigos que le prestan sus camionetas. Usa camionetas para transportar materiales y herramientas a la casa que está arreglando en Minneapolis, Minnesota.

Agradecimientos de fotografías

Las fotografías que aparecen en este libro son cortesía de: © Artemis Images/Indianapolis Motor Speedway, portada, pág. 31; © Todd Strand/Independent Picture Service, págs. 3, 4, 5, 6, 7, 12, 16, 17, 18, 19, 20, 21, 22, 23, 24, 25; © Howard Ande, págs. 8, 14; © Artemis Images/Pikes Peak International Hill Climb, págs. 9, 15; Action Images/David y Beverly Huntoon, págs. 10, 11; © ORBAN THIERRY/CORBIS SYGMA, pág. 13; ©Artemis Images/ATD Group, Inc., pág. 26; © Royalty-Free/CORBIS, pág. 27. Ilustración de la pág. 29 por Laura Westlund, © Independent Picture Service.